FLÁVIA MARTINS DE CARVALHO

ILUSTRAÇÕES
LEONARDO MALAVAZZI

MICHELLE
Michelle Obama

1ª edição – Campinas, 2022

"Os homens, em todos os países, têm que olhar para os seus corações e almas e perguntarem a si mesmos se, realmente, olham para as mulheres e tratam as mulheres com igualdade."
(Michelle Obama)

M•STARDA EDITORA

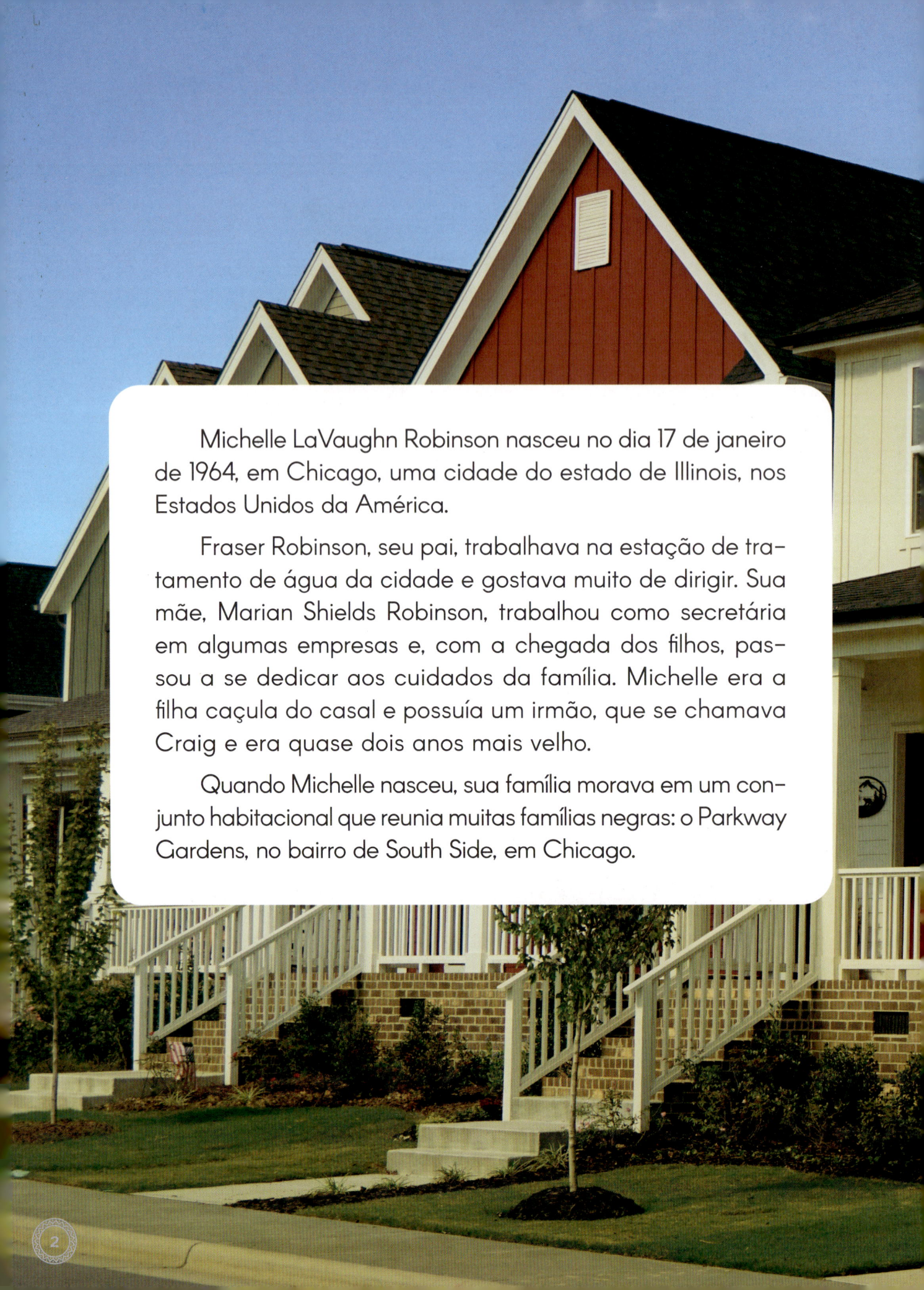

Michelle LaVaughn Robinson nasceu no dia 17 de janeiro de 1964, em Chicago, uma cidade do estado de Illinois, nos Estados Unidos da América.

Fraser Robinson, seu pai, trabalhava na estação de tratamento de água da cidade e gostava muito de dirigir. Sua mãe, Marian Shields Robinson, trabalhou como secretária em algumas empresas e, com a chegada dos filhos, passou a se dedicar aos cuidados da família. Michelle era a filha caçula do casal e possuía um irmão, que se chamava Craig e era quase dois anos mais velho.

Quando Michelle nasceu, sua família morava em um conjunto habitacional que reunia muitas famílias negras: o Parkway Gardens, no bairro de South Side, em Chicago.

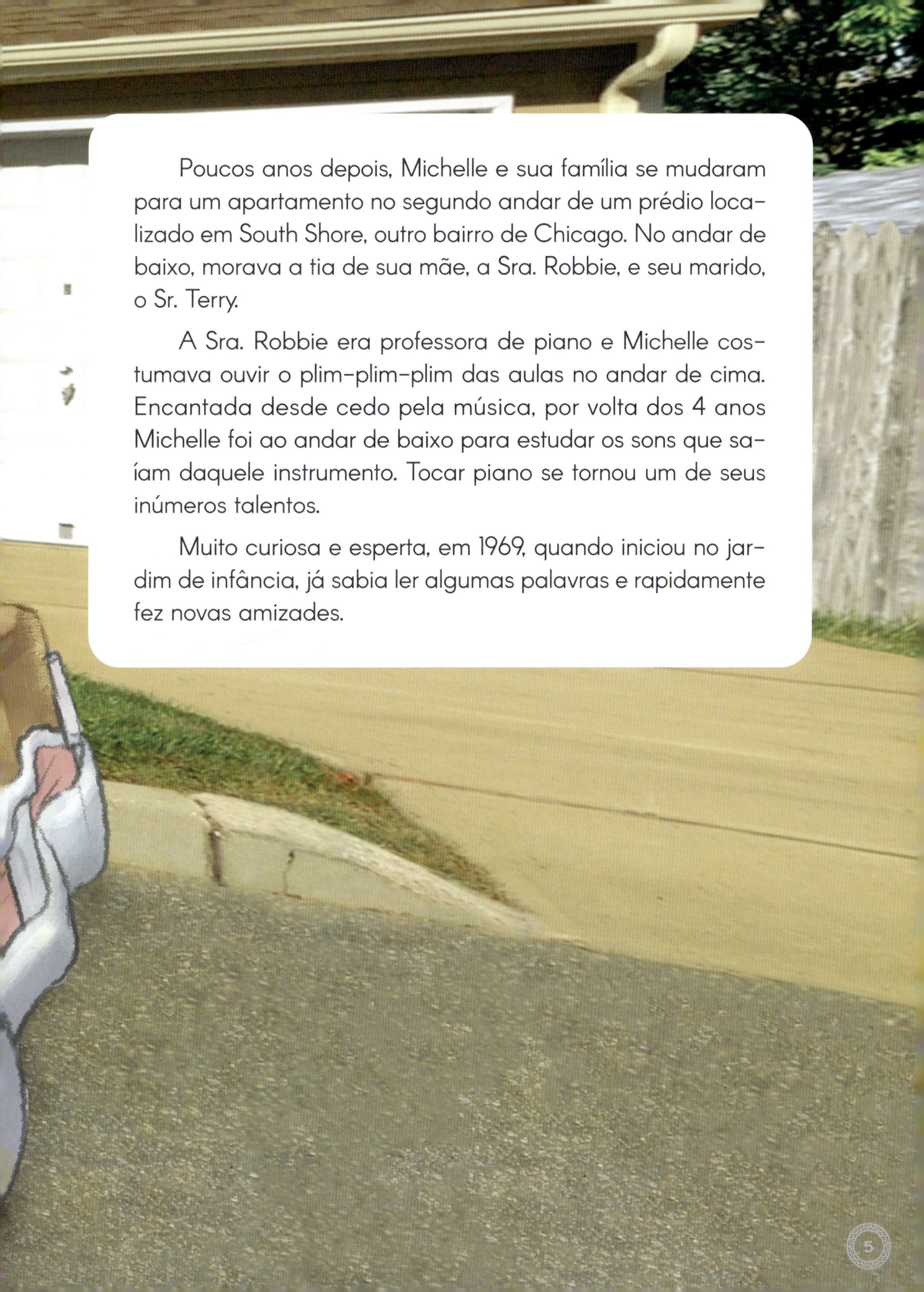

Poucos anos depois, Michelle e sua família se mudaram para um apartamento no segundo andar de um prédio localizado em South Shore, outro bairro de Chicago. No andar de baixo, morava a tia de sua mãe, a Sra. Robbie, e seu marido, o Sr. Terry.

A Sra. Robbie era professora de piano e Michelle costumava ouvir o plim-plim-plim das aulas no andar de cima. Encantada desde cedo pela música, por volta dos 4 anos Michelle foi ao andar de baixo para estudar os sons que saíam daquele instrumento. Tocar piano se tornou um de seus inúmeros talentos.

Muito curiosa e esperta, em 1969, quando iniciou no jardim de infância, já sabia ler algumas palavras e rapidamente fez novas amizades.

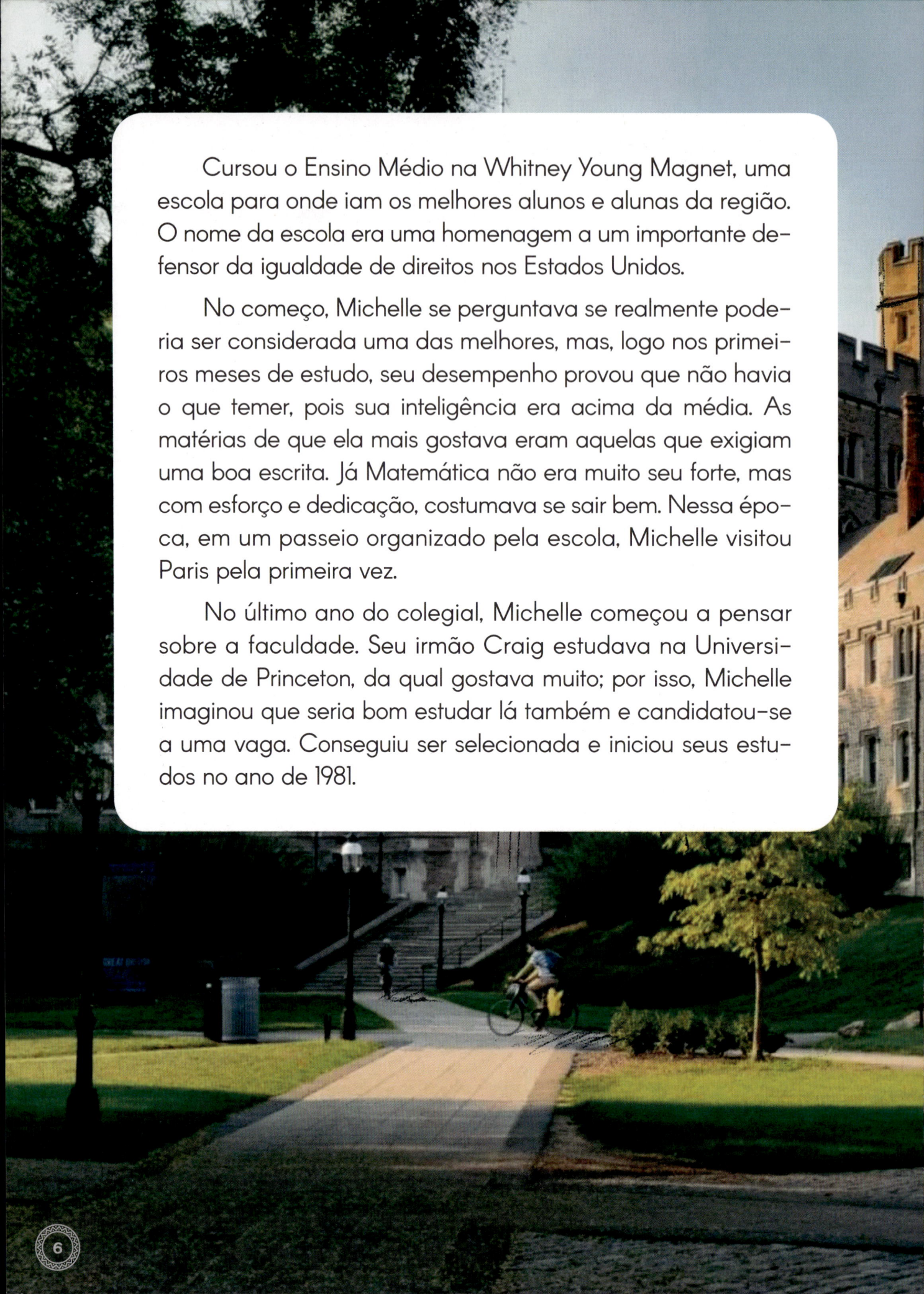

Cursou o Ensino Médio na Whitney Young Magnet, uma escola para onde iam os melhores alunos e alunas da região. O nome da escola era uma homenagem a um importante defensor da igualdade de direitos nos Estados Unidos.

No começo, Michelle se perguntava se realmente poderia ser considerada uma das melhores, mas, logo nos primeiros meses de estudo, seu desempenho provou que não havia o que temer, pois sua inteligência era acima da média. As matérias de que ela mais gostava eram aquelas que exigiam uma boa escrita. Já Matemática não era muito seu forte, mas com esforço e dedicação, costumava se sair bem. Nessa época, em um passeio organizado pela escola, Michelle visitou Paris pela primeira vez.

No último ano do colegial, Michelle começou a pensar sobre a faculdade. Seu irmão Craig estudava na Universidade de Princeton, da qual gostava muito; por isso, Michelle imaginou que seria bom estudar lá também e candidatou-se a uma vaga. Conseguiu ser selecionada e iniciou seus estudos no ano de 1981.

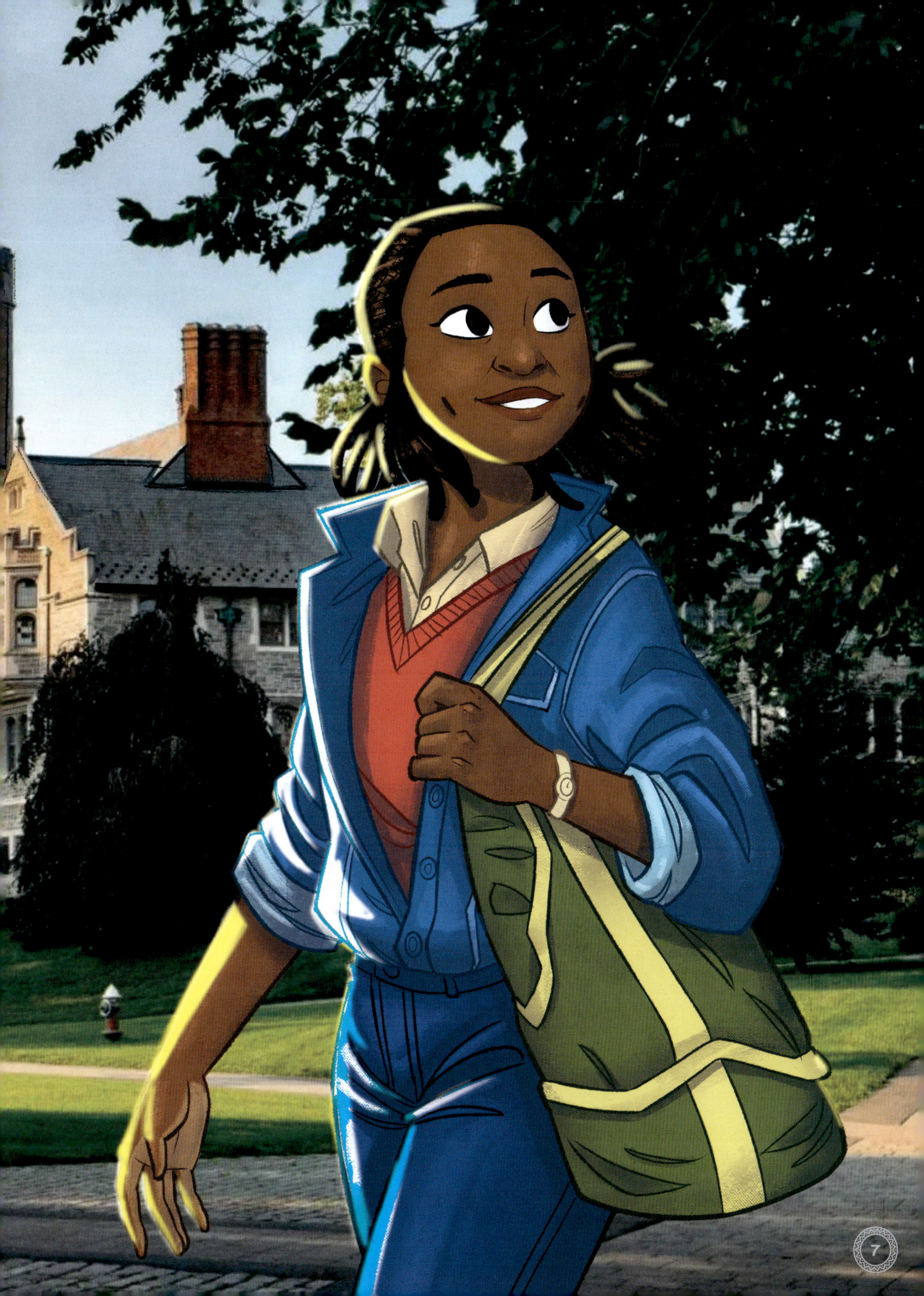

Durante seus estudos em Princeton, Michelle começou a trabalhar como assistente no Third World Center (TWC), uma organização que apoiava alunos e alunas de raças e etnias vulneráveis. Ela adorava o emprego, especialmente por conta de sua chefe, Czerny Brasuell, uma mulher negra que trabalhava muito para tornar a universidade um espaço mais inclusivo.

Foi Czerny quem levou Michelle pela primeira vez a Nova Iorque, a cidade onde está a Estátua da Liberdade. Foi uma viagem alegre e divertida, que deixou ótimas lembranças!

Depois de sua passagem por Princeton, ela ingressou na Universidade de Harvard, onde se formou em Direito.

9

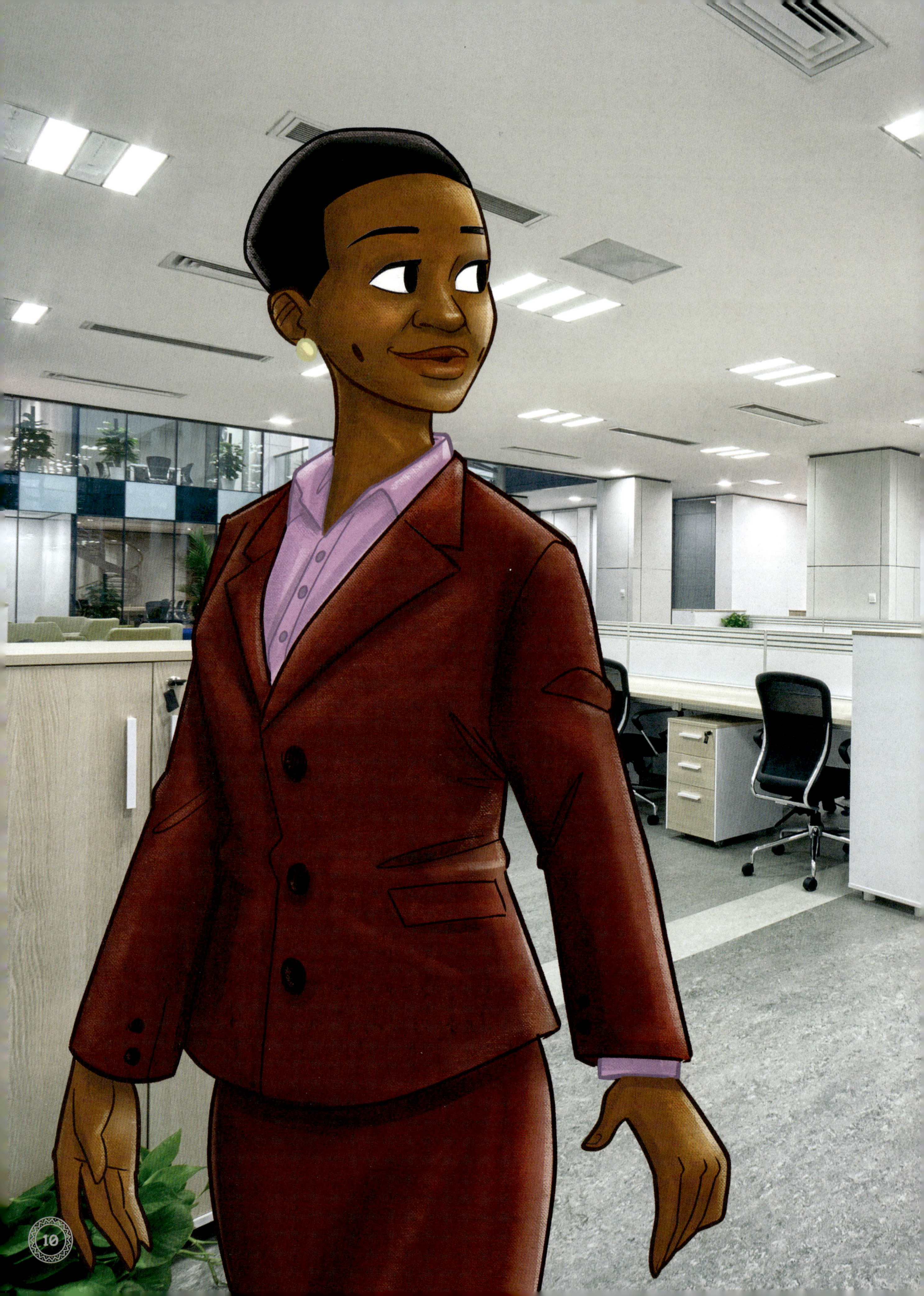

Michelle logo conseguiu um emprego como advogada num renomado escritório de Chicago, sua cidade natal. O trabalho não era divertido, mas ela gostava bastante de ajudar na contratação de novos advogados.

Certo dia, ela recebeu no programa de estágio um aluno de Direito da Universidade de Harvard, que todos diziam ser muito talentoso. Era um jovem negro, de sorriso largo e uma voz encantadora. O rapaz se chamava Barack Obama.

No primeiro dia de estágio, Barack chegou atrasado e isso a desagradou. Mas logo que começaram a conversar, Michelle percebeu que ele era um rapaz inteligente, carismático e uma companhia agradável dentro e fora do escritório. E foi assim que os dois foram se aproximando e se tornaram amigos.

Barack estava apaixonado, mas Michelle era uma profissional dedicada e não queria namorar. Os dois sempre saíam, conversavam, mas eram apenas bons amigos. Até que um dia, Barack convidou Michelle para tomar um sorvete próximo à sua casa. Ela aceitou, e foi nessa noite que aconteceu entre eles o primeiro beijo.

Não demorou para que ambos tivessem a certeza de que gostariam de passar o resto da vida juntos. Eles se casaram em um lindo sábado de sol na Igreja da Trindade Unida em Cristo, no bairro de South Side, em Chicago.

13

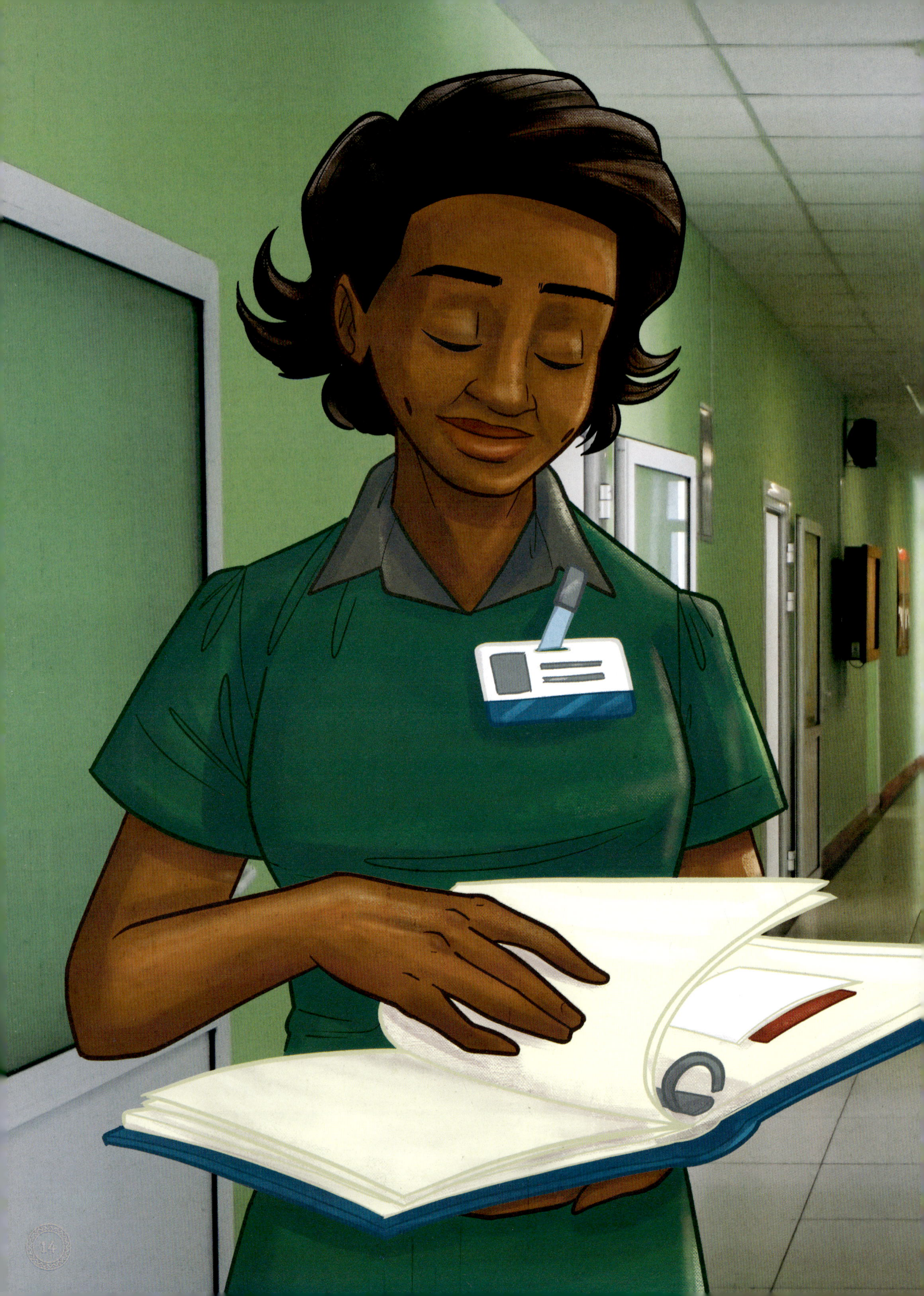

O pai de Michelle morreu aos 55 anos, ainda jovem, e não chegou a ver a filha se casar. Suzanne, uma de suas melhores amigas, morreu aos 26 anos, também muito jovem, e não pôde ser madrinha de casamento de Michelle como ela gostaria. A morte prematura de duas pessoas tão queridas fez com que ela pensasse muito sobre o que queria para sua vida. Ela já sabia que não queria ser advogada, mas precisava descobrir o próprio caminho.

E foi assim, em busca de um propósito, que Michelle se dedicou a diversas atividades. Trabalhou como assistente do departamento de Planejamento e Desenvolvimento de Chicago (1992-1993); criou a Aliados Públicos de Chicago e atuou como executiva no programa de treinamento de lideranças para jovens adultos (1993-1996); foi reitora de serviços estudantis (1996), diretora de negócios executivos (2002) e vice-presidente da Comunidade e dos Negócios Externos do Centro Médico da Universidade de Chicago (2005).

Michelle era incansável e, cada vez mais, tornava-se uma grande referência de mulher negra para muitas outras meninas e mulheres dos EUA e de outras partes do mundo.

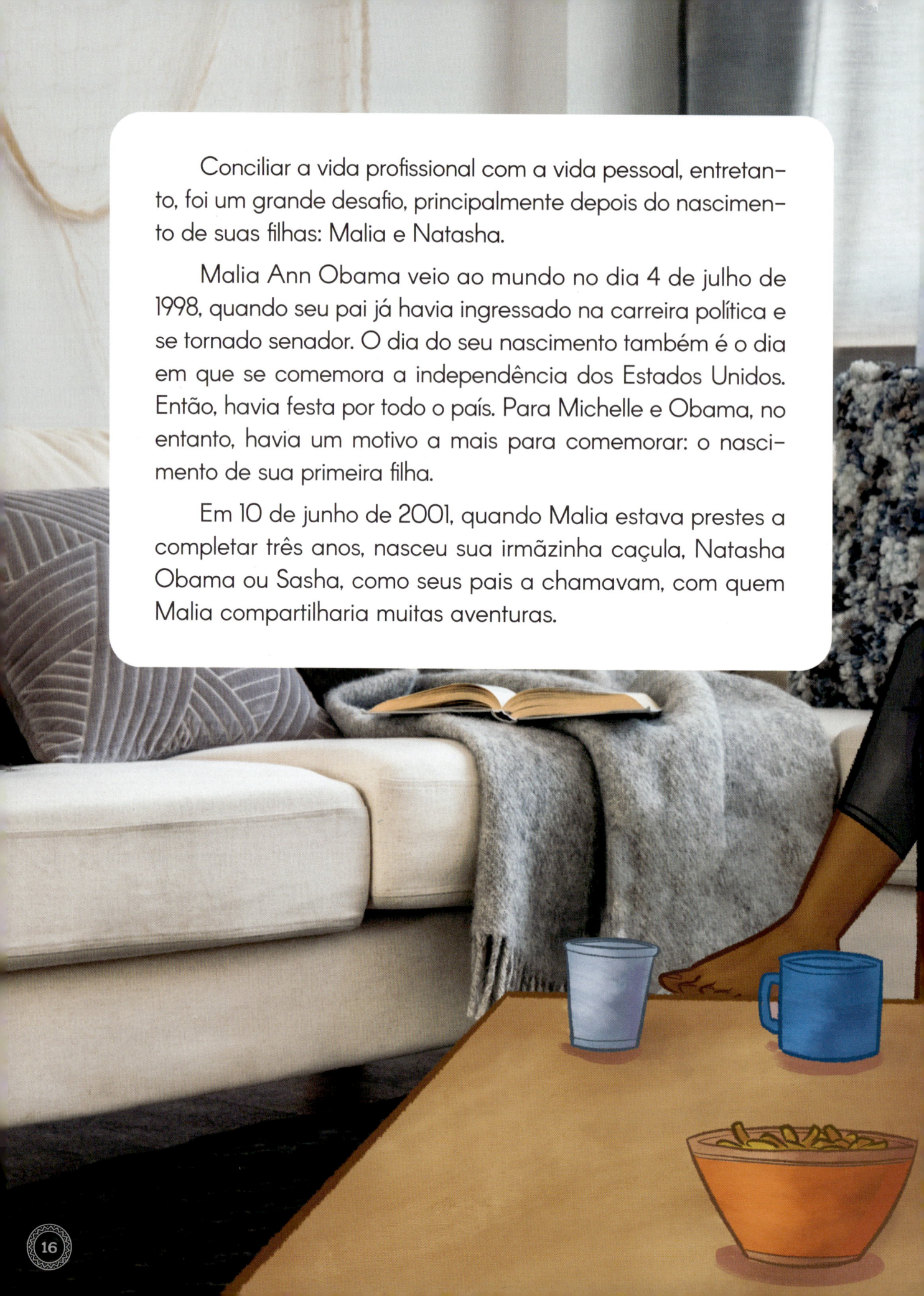

Conciliar a vida profissional com a vida pessoal, entretanto, foi um grande desafio, principalmente depois do nascimento de suas filhas: Malia e Natasha.

Malia Ann Obama veio ao mundo no dia 4 de julho de 1998, quando seu pai já havia ingressado na carreira política e se tornado senador. O dia do seu nascimento também é o dia em que se comemora a independência dos Estados Unidos. Então, havia festa por todo o país. Para Michelle e Obama, no entanto, havia um motivo a mais para comemorar: o nascimento de sua primeira filha.

Em 10 de junho de 2001, quando Malia estava prestes a completar três anos, nasceu sua irmãzinha caçula, Natasha Obama ou Sasha, como seus pais a chamavam, com quem Malia compartilharia muitas aventuras.

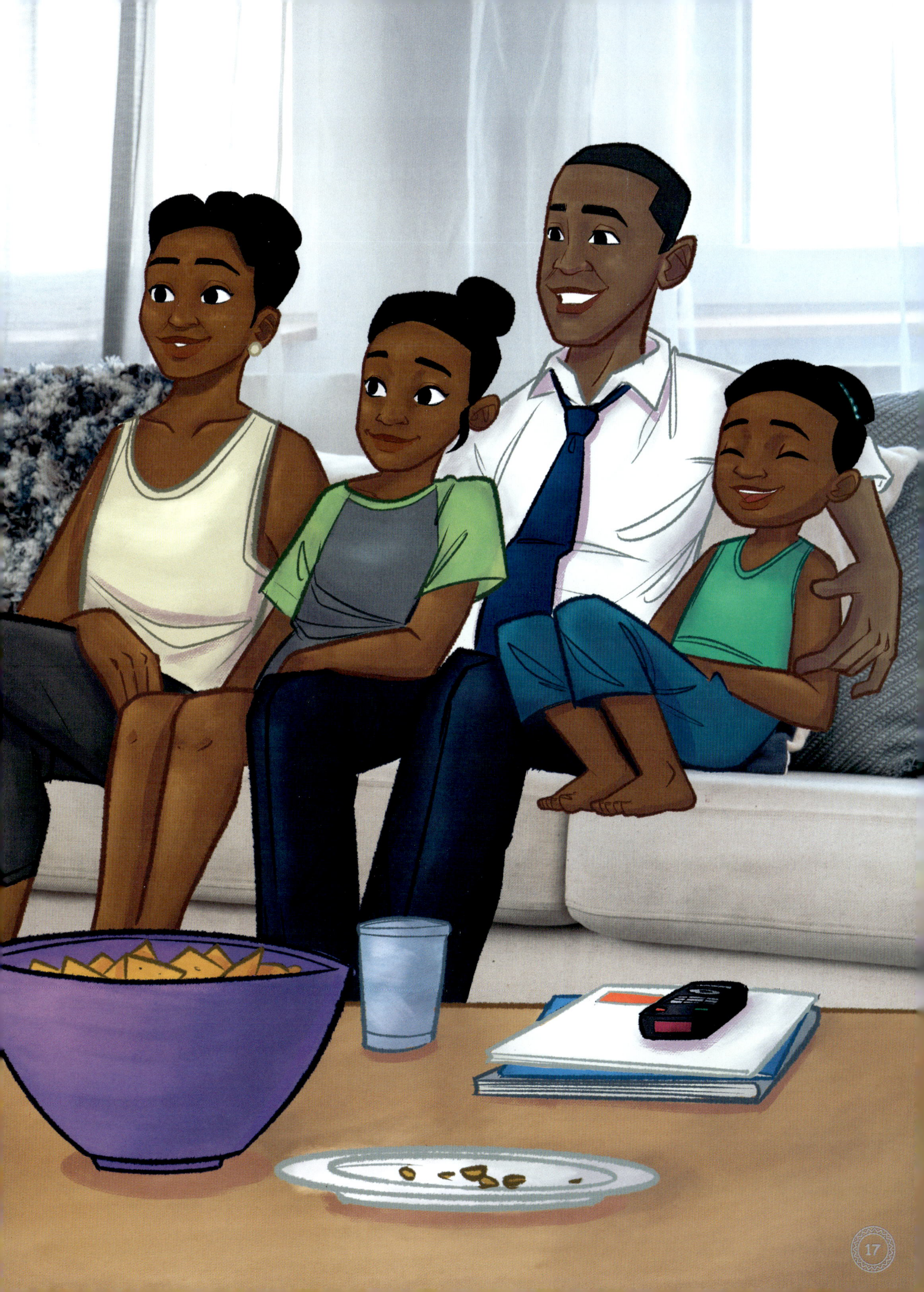

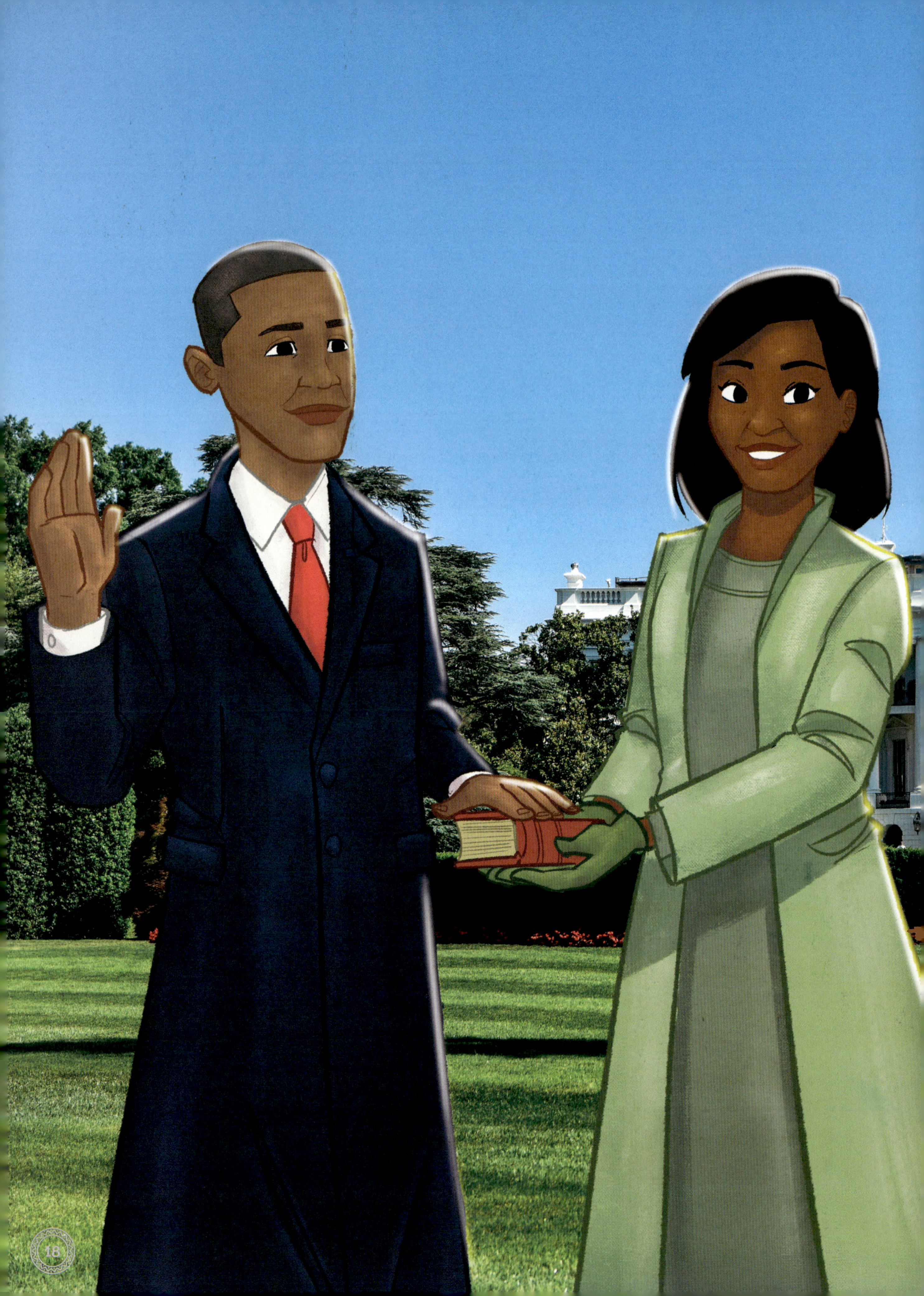

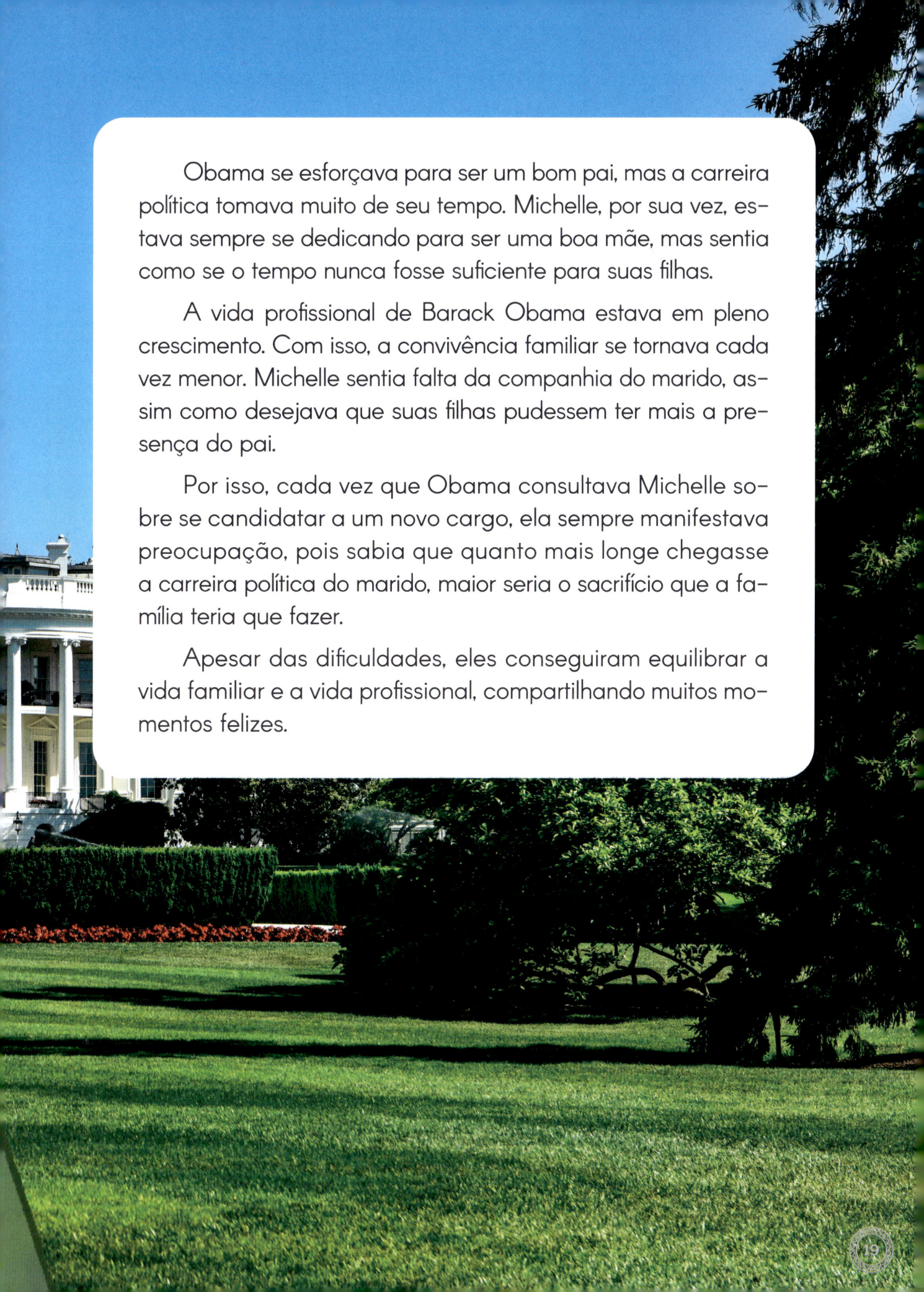

Obama se esforçava para ser um bom pai, mas a carreira política tomava muito de seu tempo. Michelle, por sua vez, estava sempre se dedicando para ser uma boa mãe, mas sentia como se o tempo nunca fosse suficiente para suas filhas.

A vida profissional de Barack Obama estava em pleno crescimento. Com isso, a convivência familiar se tornava cada vez menor. Michelle sentia falta da companhia do marido, assim como desejava que suas filhas pudessem ter mais a presença do pai.

Por isso, cada vez que Obama consultava Michelle sobre se candidatar a um novo cargo, ela sempre manifestava preocupação, pois sabia que quanto mais longe chegasse a carreira política do marido, maior seria o sacrifício que a família teria que fazer.

Apesar das dificuldades, eles conseguiram equilibrar a vida familiar e a vida profissional, compartilhando muitos momentos felizes.

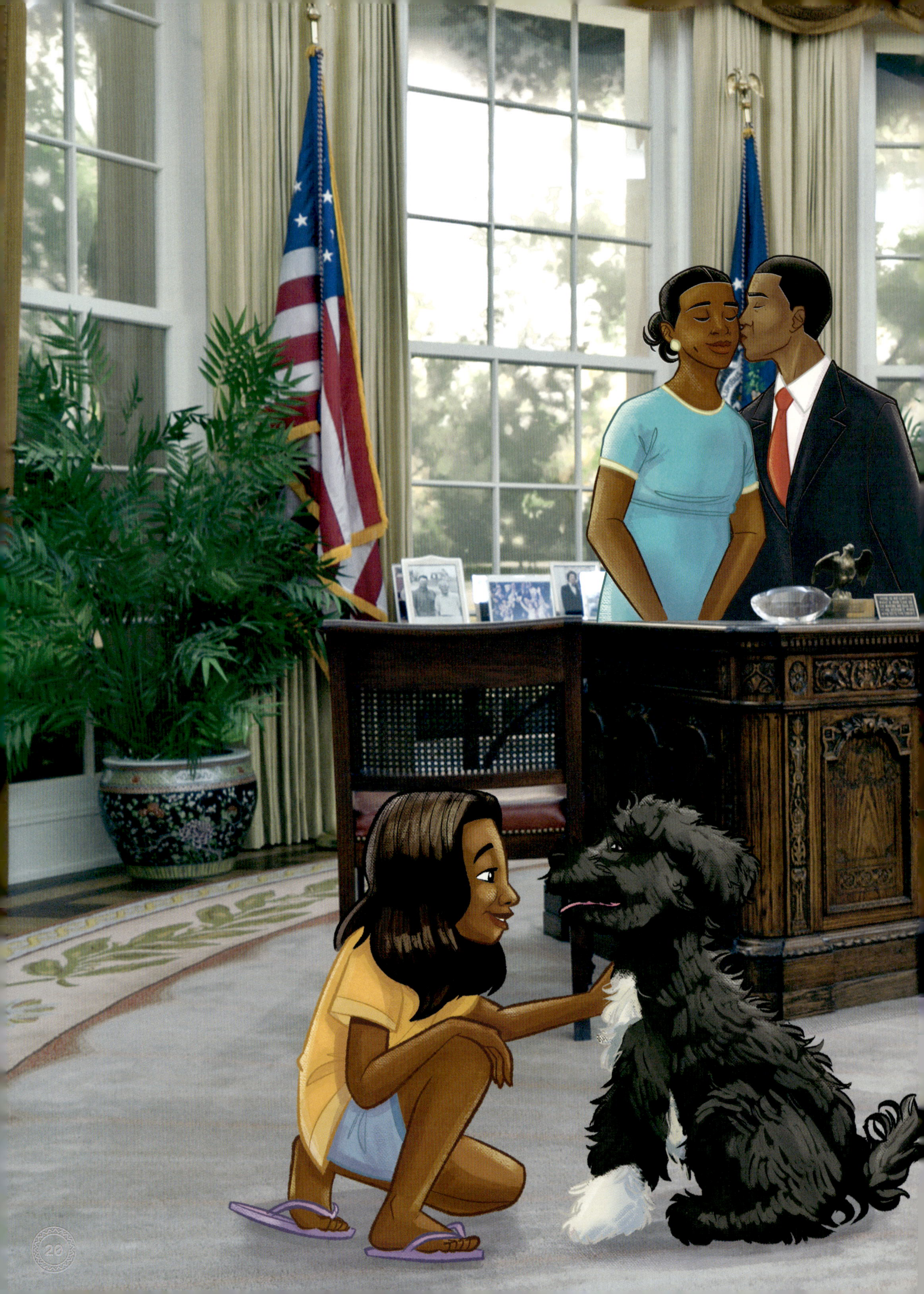

Em 2008, depois de uma acirrada campanha eleitoral, Barack Obama foi eleito o 44.º presidente dos Estados Unidos e o primeiro homem negro a ocupar o cargo. Michelle, que sempre o acompanhara e a quem ele tanto amava, seria então a primeira mulher negra a se tornar a primeira-dama daquele país.

A família se mudou para a Casa Branca, em Washington, que é a residência oficial do presidente e sua família. É uma casa enorme de seis andares, com 132 salas, 35 banheiros, 28 lareiras, além de pista de boliche, academia, piscina e uma sala reservada com poltronas de cinema. Há uma parte que é aberta a visitas e que mais parece um museu, e uma área particular, onde só os seguranças e moradores da Casa podem entrar.

Um pouco antes de Obama se tornar presidente, Michelle levou Malia ao pediatra para uma consulta de rotina e descobriu que a menina estava um pouco acima do peso. Michelle ficou muito preocupada, mas não era um problema grave. Bastava apenas ter uma alimentação mais saudável. Desde então os cuidados para combater a obesidade infantil passaram a ser uma das causas a que ela dedicaria maior atenção.

Depois de se tornar primeira-dama, esta continuou sendo uma de suas frentes de trabalho: Michelle passou a defender a necessidade de uma alimentação equilibrada para que crianças pudessem se desenvolver com saúde. Chegou a criar uma horta na Casa Branca, que contava com a participação de crianças e jovens e passou a produzir quase uma tonelada de alimentos por ano.

Além disso, Michelle também deu início a um compromisso assumido antes das eleições presidenciais, que era o de cuidar das famílias de militares que tinham ido para a guerra. Suas ações como primeira-dama incluíam ainda a luta pelos direitos das mulheres e pela melhoria da educação.

SMALL SPACES
THE MONK OF MOKHA
LOUISE
SIMON
HALF A WAR
OBSIDIAN STARS
IVORY & BONE
Dawn French me you
ASIMOV
ATWOOD
BEARTOWN
CREATION MACHINE
GIRL MANS UP
RED RISING
DAN BROWN
THE CITY OF LOST FORTUNES

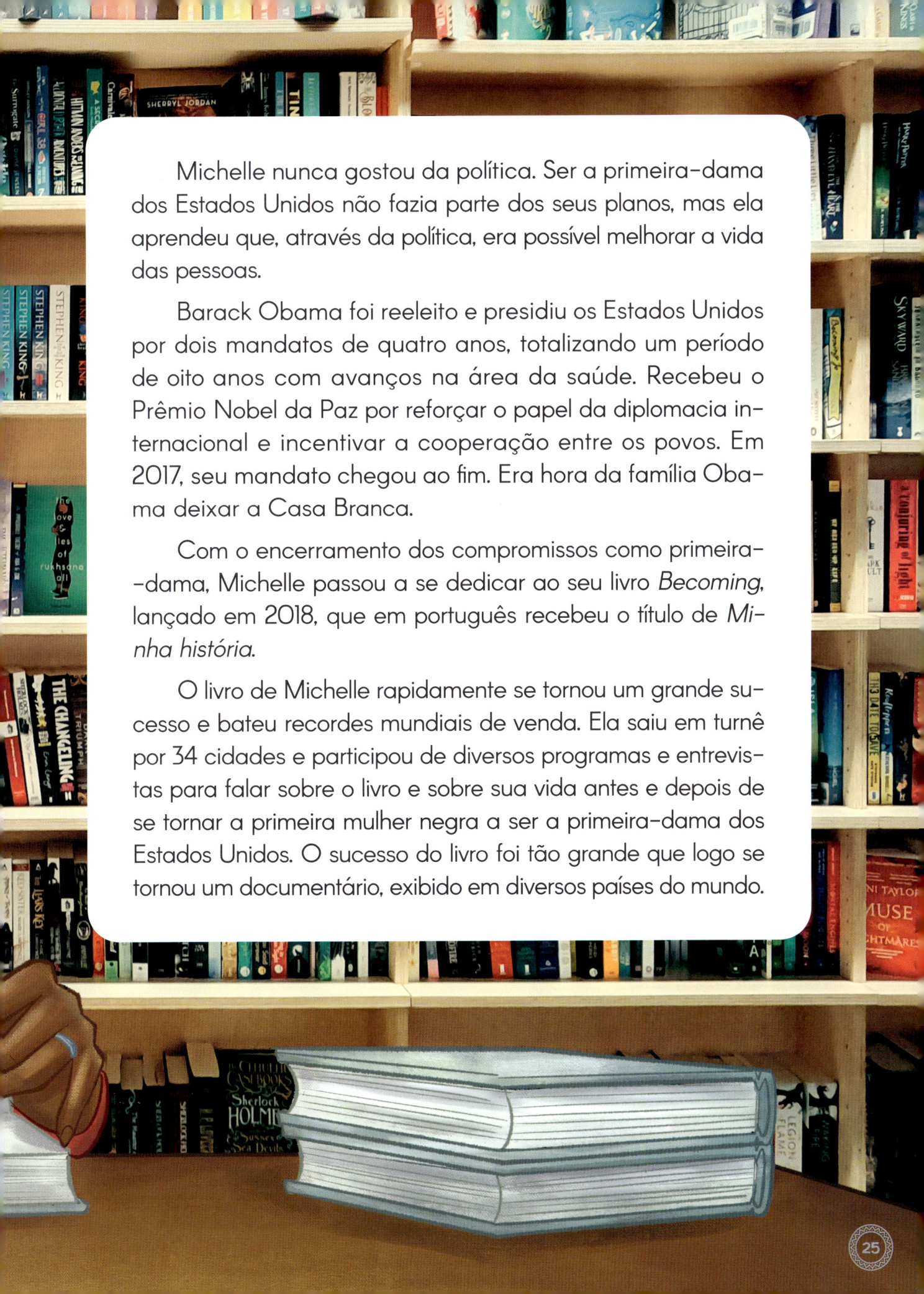

Michelle nunca gostou da política. Ser a primeira-dama dos Estados Unidos não fazia parte dos seus planos, mas ela aprendeu que, através da política, era possível melhorar a vida das pessoas.

Barack Obama foi reeleito e presidiu os Estados Unidos por dois mandatos de quatro anos, totalizando um período de oito anos com avanços na área da saúde. Recebeu o Prêmio Nobel da Paz por reforçar o papel da diplomacia internacional e incentivar a cooperação entre os povos. Em 2017, seu mandato chegou ao fim. Era hora da família Obama deixar a Casa Branca.

Com o encerramento dos compromissos como primeira-dama, Michelle passou a se dedicar ao seu livro *Becoming*, lançado em 2018, que em português recebeu o título de *Minha história*.

O livro de Michelle rapidamente se tornou um grande sucesso e bateu recordes mundiais de venda. Ela saiu em turnê por 34 cidades e participou de diversos programas e entrevistas para falar sobre o livro e sobre sua vida antes e depois de se tornar a primeira mulher negra a ser a primeira-dama dos Estados Unidos. O sucesso do livro foi tão grande que logo se tornou um documentário, exibido em diversos países do mundo.

Michelle e Barack Obama passaram a se dedicar a diversos projetos audiovisuais para tratar de questões de raça e classe, democracia e direitos civis, sempre com a preocupação de promover a educação e construir uma sociedade melhor.

Em 2019, Michelle Obama estava na lista da revista *Time* como uma das 100 pessoas mais influentes do mundo.

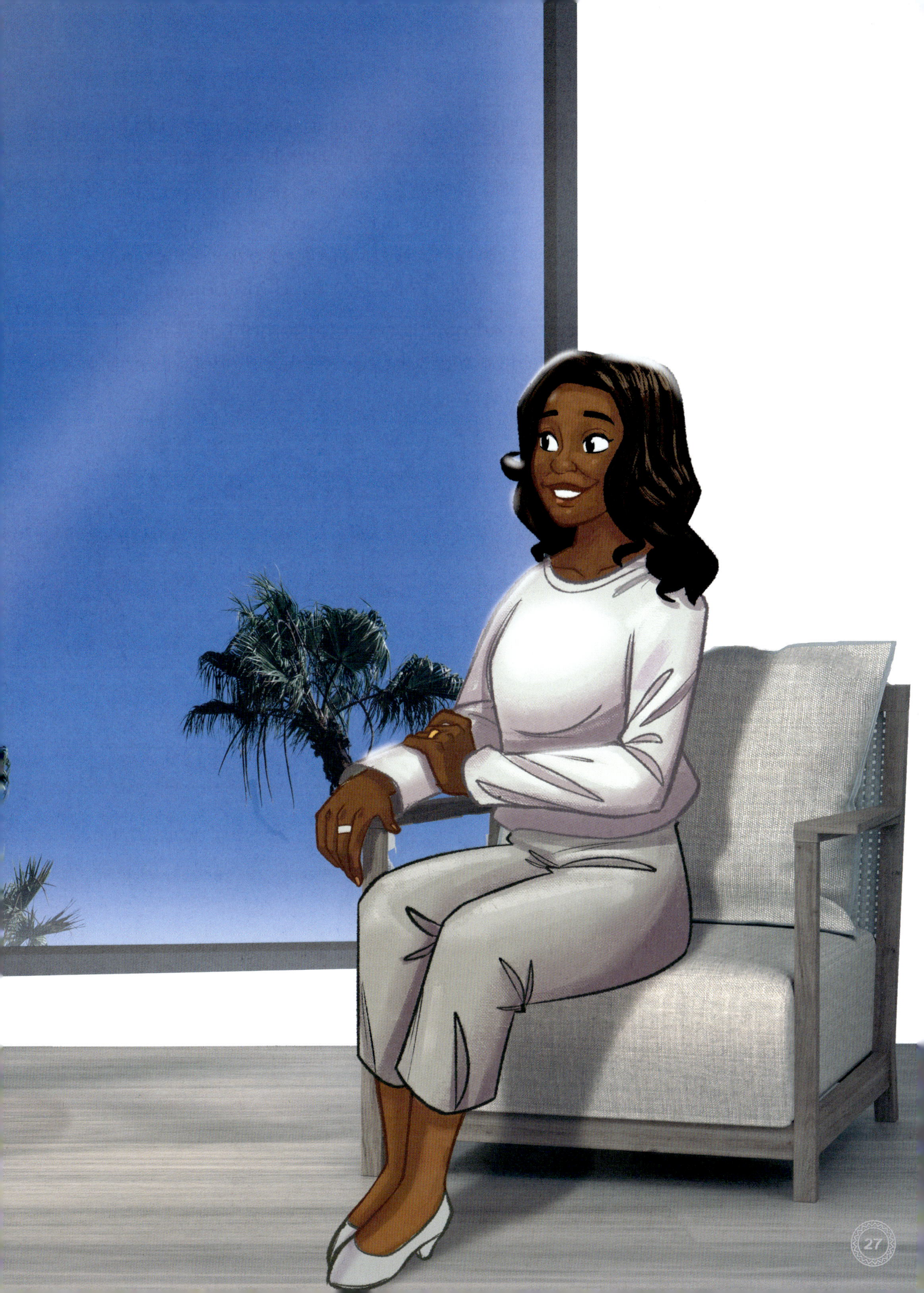

Michelle seguiu incentivando pessoas a se tornarem melhores e a acreditarem em seu próprio potencial. Diante de muitos desafios, ela costumava se perguntar se estava preparada para enfrentá-los e vencê-los. À medida que os obstáculos eram superados, tinha certeza de que estava preparada e que bastava apenas confiar em si mesma.

Michelle passou a transmitir seus ensinamentos e abraçou diversos projetos sociais, muitos deles através da Fundação Obama. A Fundação existe desde 2014 e tem como missão inspirar, capacitar e conectar pessoas. Para isso, periodicamente, distribui bolsas de ensino não apenas para pessoas dos Estados Unidos, mas também de outras partes do mundo, com o objetivo de formar novos líderes que façam do planeta um lugar melhor para todos.

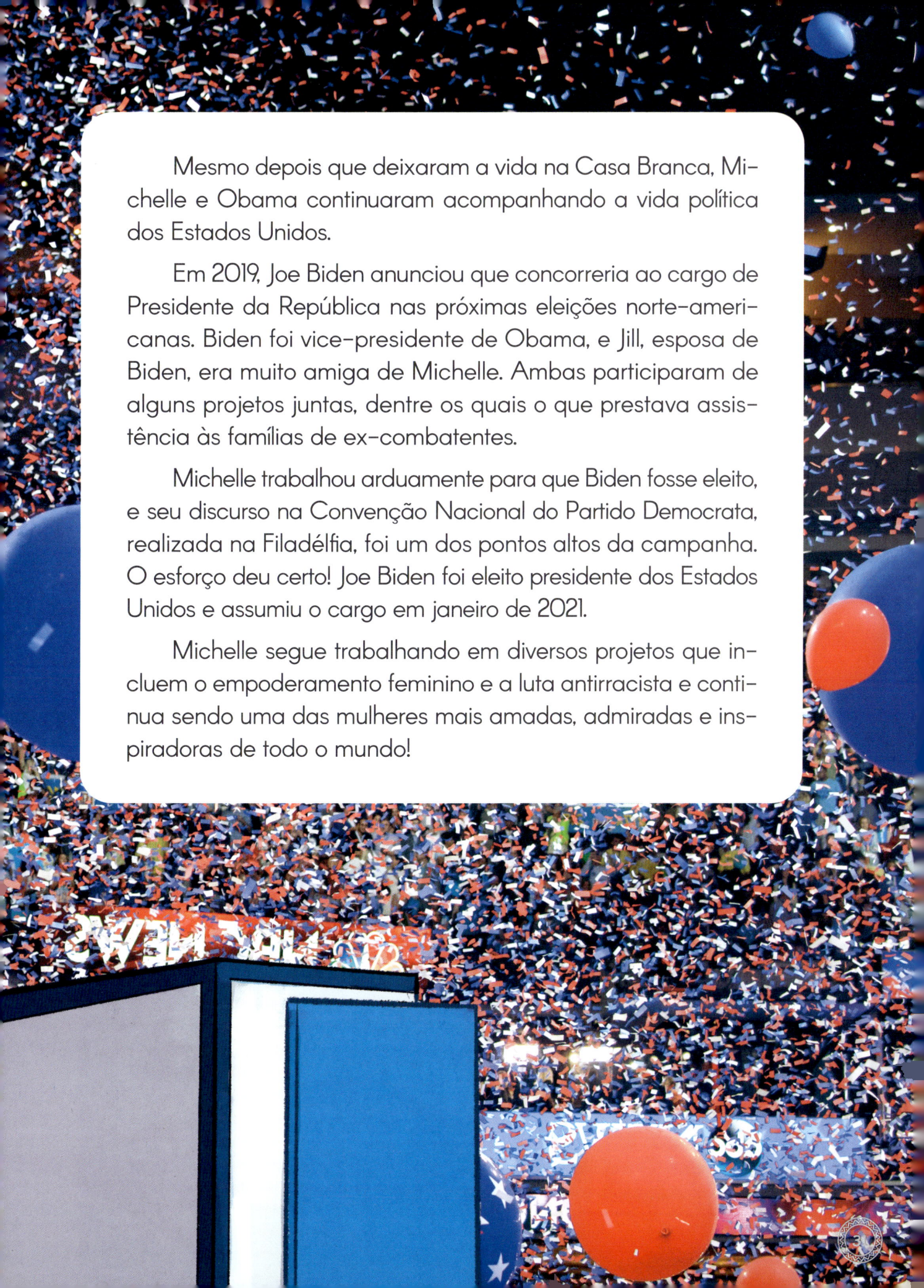

Mesmo depois que deixaram a vida na Casa Branca, Michelle e Obama continuaram acompanhando a vida política dos Estados Unidos.

Em 2019, Joe Biden anunciou que concorreria ao cargo de Presidente da República nas próximas eleições norte-americanas. Biden foi vice-presidente de Obama, e Jill, esposa de Biden, era muito amiga de Michelle. Ambas participaram de alguns projetos juntas, dentre os quais o que prestava assistência às famílias de ex-combatentes.

Michelle trabalhou arduamente para que Biden fosse eleito, e seu discurso na Convenção Nacional do Partido Democrata, realizada na Filadélfia, foi um dos pontos altos da campanha. O esforço deu certo! Joe Biden foi eleito presidente dos Estados Unidos e assumiu o cargo em janeiro de 2021.

Michelle segue trabalhando em diversos projetos que incluem o empoderamento feminino e a luta antirracista e continua sendo uma das mulheres mais amadas, admiradas e inspiradoras de todo o mundo!

Querido leitor,

A editora MOSTARDA é a concretização de um sonho. Fazemos parte da segunda geração de uma família dedicada aos livros. A escolha do nome da editora tem origem no que a semente da mostarda representa: é a menor semente da cadeia dos grãos, mas se transforma na maior de todas as hortaliças. Nossa meta é fazer da editora uma grande e importante difusora do livro, transformando a leitura em um instrumento de mudança na vida das pessoas, desconstruindo barreiras e preconceitos. Entre os principais temas abordados nas obras estão: inclusão, diversidade, acessibilidade, educação e empatia. Acreditamos que o conhecimento é capaz de abrir as portas do pensamento rumo a uma sociedade mais justa. Assim, nossos valores estão ligados à ética, ao respeito e à honestidade com todos que estão envolvidos na produção dos livros e com os nossos leitores. Vamos juntos regar essa semente?

Pedro Mezette
CEO Founder
Editora Mostarda

EDITORA MOSTARDA
www.editoramostarda.com.br
Instagram: @editoramostarda

Flávia Martins de Carvalho, 2022

Direção:	Pedro Mezette
Coordenação:	Andressa Maltese
Produção:	A&A Studio de Criação
Revisão:	Beatriz Novaes
	Elisandra Pereira
	Marcelo Montoza
	Mateus Bertole
	Nilce Bechara
Diagramação:	Ione Santana
Ilustração:	Aline Terranova
	Anderson Santana
	Bárbara Ziviani
	Eduardo Vetillo
	Felipe Bueno
	Henrique HEO
	Henrique Pereira
	Jefferson Costa
	Kako Rodrigues
	Leonardo Malavazzi

Dados Internacionais de Catalogação na Publicação (CIP)
(Câmara Brasileira do Livro, SP, Brasil)

Carvalho, Flávia Martins de
  Michelle : Michelle Obama / Flávia Martins de Carvalho ; ilustrações Leo Malavazzi. -- 1. ed. -- Campinas, SP : Editora Mostarda, 2022.

  ISBN 978-65-88183-93-9

  1. Advogadas afro-americanas - Biografia - Literatura infantojuvenil 2. Cônjuges de presidentes - Estados Unidos - Biografia - Literatura infantojuvenil 3. Obama, Michelle, 1964- - Biografia - Literatura infantojuvenil I. Malavazzi, Leo. II. Título.

22-132891   CDD-028.5

Índices para catálogo sistemático:

1. Michelle Obama : Biografia : Literatura infantojuvenil   028.5
2. Michelle Obama : Biografia : Literatura juvenil   028.5

Cibele Maria Dias - Bibliotecária - CRB-8/9427

Nota: Os profissionais que trabalharam neste livro pesquisaram e compararam diversas fontes numa tentativa de retratar os fatos como eles aconteceram na vida real. Ainda assim, trata-se de uma versão adaptada para o público infantojuvenil que se atém aos eventos e personagens principais.